Criptomoneda 2021-2022

Consejos de Comercio y Estrategias de Inversión para Principiantes

STELLAR MOON PUBLISHING

Descargo de responsabilidad

Introducción

La última caída de Bitcoin

A nadie se le escapa: Bitcoin ha recibido fuertes golpes. Como cualquier mercado financiero, el comercio de Bitcoin está dirigido por la emoción.

O más bien, los inversores en criptomonedas se dejan llevar por la emoción y los recientes tuits de Elon Musk están causando mucho FUD ("Fear, Uncertainty, Doubt"). De forma totalmente inesperada, atacó al Bitcoin por el consumo de energía con combustibles fósiles y la huella de carbono.

A pesar de que esta historia ha sido desmentida muchas veces, la gente es muy sensible a esto, y cuando una celebridad tan grande grita algo, la mayoría de la gente lo cree inmediatamente y el miedo se acumula alrededor. ¿Qué significa esto para el precio del Bitcoin y otras criptomonedas?

La editorial Stellar Moon ha recopilado este libro para ofrecer una visión de los mejores consejos y estrategias de trading para 2021. Este libro ha sido escrito por un grupo de expertos en criptomonedas. Con este libro, nos esforzamos por ofrecerle la mejor información curada sobre el comercio y las inversiones en criptodivisas.

Justo cuando el precio de Bitcoin estaba rebotando recientemente, el miedo se instaló y la deflación fue significativa. La ventaja es que ahora destacan los niveles de soporte realmente sólidos. A pesar de todo el pánico: la barrera de los 30.000 dólares parece que no se romperá en breve. Ni siquiera Elon puede derribarla tan lejos!

Mientras tanto, la mayoría de las criptodivisas alternativas ven una carrera alcista en este momento.

Dado que son más atractivos en términos de consumo de energía, podrían ser esa alternativa al Bitcoin para el comercio de valor a largo plazo.

Estas monedas que podrían tener una perspectiva de futuro estable son Cardano **(ADA)**, Stellar Lumens **(XLR)**, Ripple **(XRP)**, Solana **(SOL)**, EOS **(EOS)** y Tron **(TRX)**.

En este libro hablaremos más sobre cómo funcionan estas monedas individuales, por qué Bitcoin se mantendrá fuerte en el futuro a largo plazo y por qué estas monedas alternativas podrían convertirse en una parte sustancial del mercado de criptomonedas.

El precio de Cardano no espera a que los inversores compren en la caída

Para empezar, el [5 de] mayo de 2021, Cardano rompió un patrón alcista que se había formado en los últimos meses. La ruptura se produjo con un notable salto en el volumen de mercado. Esto marcó un cambio de tendencia para la altcoin. Esa moneda había mostrado poca acción de precios durante los últimos dos meses. A pesar de la gran caída de la criptomoneda causada por Elon Musk, ADA está aguantando muy bien. De hecho, el precio ha subido un 6% recientemente.

Un desplome aún mayor del mercado de criptomonedas es lo único que podría evitar un empuje hacia la marca de 2,27 dólares.

Alrededor de 1,57 dólares se encuentra un apoyo significativo para Cardano en el futuro. Más personas comprarán una vez que vean que un punto de precio más alto parece estabilizarse. Por lo tanto, no hay posibilidad de que el precio caiga mucho más allá de este nivel.

Los sistemas de bombeo y descarga son más populares que nunca

Con monedas como Dogecoin, Shiba coin y Safemoon dominando el mercado de las criptomonedas en términos de beneficios de inversión, se debe tomar la lección de que seguir y comprar en tendencias puramente basadas en la cantidad de dinero que se podría hacer en un corto plazo es tan arriesgado como siempre.

Índice

Nuestros libros

Consulte nuestro otro libro para saber más sobre las NFT, la negociación y la venta de NFT, cómo obtener beneficios y los consejos y estrategias esenciales para iniciarse a prueba de fallos en el universo de las NFT.

Únase al exclusivo Círculo Editorial de Stellar Moon!

Obtendrá acceso instantáneo a la lista de correo con actualizaciones de nuestros expertos cada semana.

Inscríbase hoy aquí:

https://campsite.bio/stellarmoonpublishing

9

Sistemas de bombeo y descarga

Nunca es una buena idea seguir sin pensar el bombo de una moneda al azar, sólo porque la gente afirma haber obtenido enormes beneficios de la noche a la mañana.

Esto generalmente indica hacia un esquema "clásico" de pump and dump, lo que significa que con el fin de obtener ganancias masivas con una criptomoneda, utilizar la influencia de las noticias, los blogs de criptomonedas, youtubers y otras personas influyentes, las plataformas de medios sociales como Reddit y Facebook para exagerar el precio de una moneda aparentemente al azar.

La idea general de esto es comprar temprano y volcar la cantidad de monedas compradas a medida que el precio se multiplica por 1000.

Es fácil reconocer este patrón, ya que las reclamaciones suelen seguir una tendencia como la siguiente:

El precio de lanzamiento de shitcoin al azar es de 0,000001 dólares, con la afirmación de que si esta moneda subiera a 0,001 dólares, se obtendrían unos beneficios de 1000 veces.

Estas afirmaciones sobre monedas aleatorias que están a punto de estallar están por todo Internet; Tiktok, Instagram, Facebook y Reddit están plagados de anuncios pagados y no pagados sobre esquemas de pump and dump.

Todo esto significa simplemente que, quienquiera que esté metido en esto, puede obtener beneficios masivos siempre que consiga que un número suficiente de personas se trague el bombo.

A los influencers se les paga por difundir esta información.

Se puede pagar hasta 25.000 dólares por post si eres un influencer dispuesto a promover uno de estos esquemas. Porque si acumulas un número decente de seguidores, hay una mayor posibilidad de que la gente compre lo que tengas que decirles.

Y como consumidor de contenidos, y alguien que busca comprar el próximo bombo, el pensamiento crítico es su mejor baza.

Dogecoin

El ejemplo por excelencia de un pump and dump con influencia de las redes sociales, es lo que hizo Elon Musk con Dogecoin y Bitcoin, un par de tweets y menciones sobre ambas monedas, y como probablemente viste en las noticias recientes, el precio de Bitcoin y Dogecoin sube, y él compró, especialmente en Bitcoin, antes de que iniciara el rumor, probablemente obtuvo mil millones de ganancias por simplemente mencionarlo en un tweet, lo mismo que recientemente provocó un desplome en el precio de Bitcoin.

Elon Musk es un hombre inteligente en ese sentido, sigue su estrategia de inversión, donde compra una cantidad masiva de Bitcoin, afirmando que su empresa Tesla, ahora aceptará pagos en Bitcoin para los coches y hace subir el precio por un margen masivo, un máximo histórico de más de 60.000 dólares.

Y no mucho más tarde, Elon Musk suelta una bomba, diciendo a Internet que la minería de Bitcoin es terrible para el medio ambiente, lo que significa que vendió en el punto de precio alto, vio la caída del mercado, y la creación de un nuevo punto de entrada para la gente a comprar.

Comenzó a tuitear sobre Dogecoin a principios de abril, con un precio inicial de unos 0,05 dólares, y el 16 de abril, el precio alcanzó un máximo histórico de 0,39 dólares.

Le siguió una breve caída, la moneda volvió a bajar a 0,19 dólares el 23 de abril y después siguió subiendo hasta alcanzar un nuevo máximo de 0,71 dólares el 5 de mayo, seguido de otra caída con el precio actual en 0,50 dólares.

No hay mucho que decir sobre el futuro de Dogecoin ya que parece una especie de broma. Elon Musk ha demostrado en el pasado ser un gran fan de la cultura de Internet, y tener una moneda como Dogecoin, gobernar el mercado financiero no es más que una broma elaborada.

Así que, si te sientes afortunado, podrías comprar en Dogecoin y tomar la apuesta de que duplicará su precio en un futuro próximo, pero cualquier éxito se basa totalmente en la suerte con una moneda que tiene su precio basado en la especulación. Así que, en esencia, invertir en ciertas criptodivisas es un poco una apuesta.

Una buena regla general, si está dispuesto a apostar por los esquemas de bombeo y volcado, es comprar cuando comienzan los rumores y empezar a vender cuando llegan las noticias principales.

Dado que el precio subirá rápidamente cada vez que una moneda de tendencia llegue a los principales canales de noticias, también significa que mucha gente que compró antes, aprovecha este momento para cobrar, vender la moneda y obtener el beneficio, provocando una caída de precios casi inmediata cuando

se vende un gran número de monedas en cualquiera de
los mercados.

Lo que significa que si no tienes información sólida
sobre cuándo se producirá esta descarga, estás
destinado a perder tu apuesta, si llegas tarde. Dado que
las criptodivisas están descentralizadas, son
básicamente imposibles de regular mientras la
información se difunda y sea tendencia.

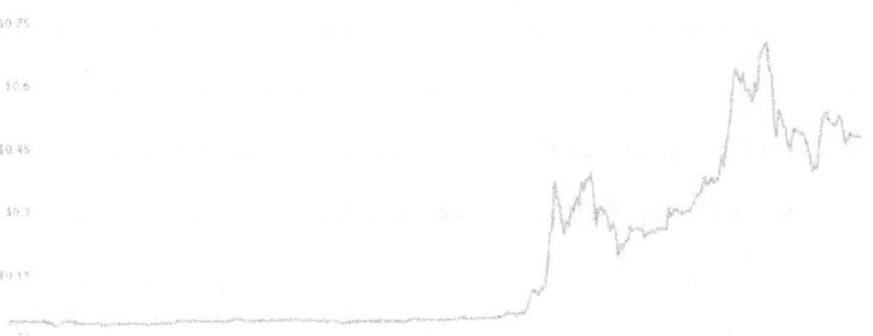

Valor intrínseco de la criptomoneda

No compre monedas nuevas o relativamente desconocidas como inversión a largo plazo si no muestran ningún valor intrínseco.

Por lo tanto, un consejo sólido sería saber en qué se compra, saber si se trata de una llamada "shitcoin", una estafa de marketing que la gente utiliza para hacer subir el precio, o si la moneda tiene un valor de aplicación real.

Por ejemplo, Ripple (XRP) pretende convertirse en la próxima red de pagos global para las instituciones financieras. Si sigue las noticias en torno a Ripple, es un poco más fácil predecir lo que hará el precio, ahora mismo tienen una participación del 40% en el sistema de pagos transfronterizos de Asia y trabajan duro para solidificar su futuro como instrumento financiero.

Ahora mismo, crear una nueva moneda lleva unos 5 minutos si quieres crear un esquema de pump a dump. Lo siguiente será el marketing, asegúrate de que la gente se entere de que tu moneda será la próxima que les haga ricos y gana interés en internet.

Esta moneda tiene que ser una moneda que no necesite prueba de trabajo como lo hace Bitcoin, como se explica en el capítulo "**El valor intrínseco de Bitcoin**".

Por lo tanto, si quieres iniciar una moneda por ti mismo, hacer una copia de una moneda existente que no requiere ningún esfuerzo para el comercio y la puesta en marcha, probablemente podrías encontrar un tutorial para la creación de este en YouTube.

Llamar a la nueva moneda cualquier cosa con palabras clave como seguro, o ir a la luna, como el infame Safemoon, afirmar que va a estallar, y asegurarse de que la mayor cantidad de gente posible necesita aferrarse a esa moneda porque los hará ricos. Preferiblemente implementando una fuerte cuota si quieren venderla.

Publica un libro blanco sobre tu moneda; un libro blanco es una explicación de cómo funciona la moneda, cómo comprarla y otra información vital para conseguir el interés de los inversores.

Para un esquema de bombeo y volcado, lo ideal sería un papel que reclamara algún tipo de tasa de transacción que se pagara a los titulares de las monedas. La idea de esta comisión de transacción que se paga a los otros titulares de las monedas es crear una sensación de seguridad para los posibles inversores.

Si una persona nueva compra algunas monedas y consigue que sus amigos compren algunas monedas, todos parecen beneficiarse de ese sistema. Quieren crear la ilusión de que si consigues que el mayor número posible de personas compre esa moneda, todos se hacen ricos.

Sin embargo, una parte crucial que lo haría posible es que la moneda necesita un valor intrínseco. Si es necesario comprar y conservar la moneda para que adquiera valor, será desalentador venderlas por dólares, ya que en esencia el precio bajaría.

Y simplemente, es un sistema muerto si el valor tiene que venir de la gente que tiene que comprar. Ese sistema sólo indica que, una vez que suficientes personas han comprado, los propietarios y los grandes poseedores de monedas pueden vender, hacer que el valor de esa moneda caiga mientras que otras personas que no están en el momento de la venta tienen una pérdida.

Para ponerlo en un ejemplo;

Si la persona A compra 10 monedas y tiene una tasa de transacción del 10%, 1 moneda de estas monedas se divide entre los otros portadores de monedas, por lo que si hay 10 portadores de monedas en este punto, todos ellos obtendrían 0,1 monedas de esa transacción.

Muchas de las monedas fraudulentas que se promocionan ahora mismo, presumen de un tipo de sistema similar al explicado en el ejemplo, prometiendo que explotarán en valor si suficiente gente compra y todo el mundo obtiene una parte cuando alguien compra.

Si usted prestara atención y leyera entre líneas, habría llegado a la conclusión de que esto es el equivalente de la criptomoneda a un esquema piramidal.

Safemoon y Shiba Inu: ¿proyectos de estafa?

Para los que llevamos un tiempo siguiendo el mercado de las criptomonedas, sabemos que la carrera alcista de 2017 y 2018 vino acompañada de un montón de monedas que no solo eran tan volátiles como el Bitcoin, sino que también lo fueron el día que el Bitcoin se estrelló.

Estos proyectos de estafa, o shitcoins como algunos los llaman, dan a las criptomonedas una mala reputación, pero parece ser una buena parte de la industria como nueva tecnología. Con todo el bombo que rodea al Bitcoin y al Ether, debemos tener en cuenta que una variedad de monedas más pequeñas también subirán de valor.

 Como explicamos anteriormente, los esquemas de bombeo y descarga, como el infame Safemoon, son básicamente el equivalente de la criptomoneda a un esquema piramidal.

Con el rápido ascenso de la moneda Shiba, muchos se preguntan si es inminente una caída. Como Binance anunció hace poco, los monederos número 1, 2 y 5 contienen el 50,5%, el 7,0% y el 3,0% de la oferta total respectivamente, lo que normalmente sería extremadamente preocupante, pero en este caso es una historia aún más extraña.

19

Los desarrolladores de Shiba Inu enviaron el 50% de sus tokens al fundador de Ether, Vitalik Buterin, en su lanzamiento.

En este momento somos un poco positivos con respecto a la moneda Shiba, pero parece que debido a la falsa sensación de seguridad, se crea una situación con un umbral bajo para arriesgar su dinero.

Predecimos que esta moneda también será muy volátil y probablemente verá un futuro como uno de los miles de proyectos de bombeo y descarga.

Binance también ha incluido a SHIB en su Zona de Innovación, lo que permite comprar Shiba Inu a través de la bolsa (lo que sólo puede hacerse tras rellenar un cuestionario).

Sin embargo, Safemoon tiene actualmente más de 1,9 millones de usuarios, pero Binance se niega a escucharlo. Mientras que el CEO Changpeng Zhao dijo previamente que cuando un proyecto tiene un gran número de usuarios, lo escucharán. Hay más usuarios de Safemoon que en Shiba, también Safemoon proporcionó un número récord de transacciones en la cadena inteligente de Binance.

El valor intrínseco del bitcoin

Bitcoin tiene un valor intrínseco en su transacción. Una transacción de Bitcoin es un cálculo, y al hacer ese cálculo se obtiene una recompensa, un bloque, un Bitcoin, de ahí que se llame la cadena de bloques. Dado que cada transacción de Bitcoin es un cálculo que consiste en todos los demás cálculos (que consisten en transacciones anteriores) que conducen a la transacción.

Así que, desde que Bitcoin está en uso desde 2009, estas innumerables transacciones han llevado al punto en que se necesita una inmensa cantidad de poder de cálculo para completar una transacción. Hacer estos cálculos se llama minería, y es un negocio en el que la minería de Bitcoin requiere más electricidad que un país pequeño en este momento.

Para que el Bitcoin se desplome por completo, la gente tendría que dejar de comerciar con él en un momento en el que una transacción costara demasiado para calcularla. Por lo tanto, este principio asegura el futuro a largo plazo de Bitcoin mientras la gente lo utilice para comerciar.

Además, Bitcoin ha sido la moneda fundamental del mercado negro porque los propietarios de Bitcoin no pueden ser rastreados a través de los detalles de la cuenta personal como tener una cuenta bancaria, por lo que Bitcoin puede ser utilizado para comprar cualquier cosa fuera de la ley.

No hay ningún banco o institución financiera que tenga los detalles de la cuenta y la información personal de los propietarios de Bitcoin. Y si quiere mantener su privacidad con la cantidad de Bitcoin que posee, se aconseja guardarlo en un monedero físico como el Trezor One.

Por lo tanto, para mantener sus transacciones lo más alejadas posible, asegúrese de utilizar una ruta anónima de compra de su Bitcoin, y manténgalos fuera de las plataformas de comercio que requieren datos personales con el fin de utilizarlos.

Privacidad del comercio de Bitcoin

Las plataformas de comercio de Bitcoin pueden requerir el acceso a datos personales para poder utilizar dicha plataforma, especialmente porque ciertos gobiernos quieren rastrear estas transacciones.

La plataforma Binance está siendo investigada en estos momentos por fraude fiscal y blanqueo de dinero por el gobierno de Estados Unidos, simplemente porque el gobierno de Estados Unidos quiere rastrear quién está operando y quién es dueño de qué en estas plataformas.

Incluso ofrecieron a las plataformas pagar por los datos personales, y aunque muchas plataformas de comercio de criptomonedas afirman tener una perfecta privacidad de los clientes, no sería la primera vez que venden datos personales a terceros. Incluso hay algunos rumores de que ciertas plataformas se venden al gobierno, pero no se puede asegurar nada.

Bitcoin se construyó para descentralizar el valor. Por lo que el pasado puede enseñarnos, el dinero gobierna el mundo, y si controlas grandes sumas de dinero, tienes un poder casi infinito.

Otra regla también es cierta, que el dinero corrompe indefinidamente, el dinero ha sido la causa de la codicia, el egoísmo y la pobreza en todo el mundo y está en manos de un porcentaje muy pequeño de personas.

El Bitcoin puede utilizarse para desestabilizar el depósito de valor global si un número suficiente de personas lo compran. La banca clásica se basa en la inflación en el sistema económico actual y si fluye suficiente dinero en el mercado de criptomonedas, desestabilizará la inflación del dinero regular.

Los bancos utilizan el dinero que la gente almacena para invertir en lo que consideran rentable; también utilizaron una buena parte de ese valor para crear préstamos como las hipotecas.
Pero en este punto tienen que seguir imprimiendo dinero para mantener el sistema en funcionamiento, porque más préstamos significa menos valor real del dinero. Y si se pone el valor al lado del flujo global actual de dinero, es una burbuja gigante de crédito destinada a estallar.

Por qué el bitcoin es una sólida inversión a largo plazo

Esta burbuja de crédito retrata por qué Bitcoin es una inversión tan sólida para el futuro a largo plazo. Con el valor total de negociación de Bitcoin en dólares ahora mismo, todo el mercado de Bitcoin está valorado en la asombrosa cifra de 846.019.261.238,40 dólares, o lo que es lo mismo, 846 mil millones de dólares.

Así, el Bitcoin ha alcanzado un valor de casi 1 billón de dólares, y se acerca a superar al dólar, que tiene alrededor de 1,2 billones de dólares en todo el mundo.

Para poner el mercado de las criptomonedas en perspectiva, la capitalización total del mercado está valorada en 2,2 billones de dólares.

Hay que tener en cuenta que la minería de Bitcoin se volverá exponencialmente más difícil, requiriendo más potencia de procesamiento y más electricidad con el tiempo mientras se utilice Bitcoin. Otro hecho importante para el valor de Bitcoin es que la cantidad de Bitcoin es finita, lo que significa que en algún momento se minará el último Bitcoin, y se estima ahora mismo que tardará más de 100 años.

Esto significa que el precio de Bitcoin no está ni de lejos cerca del precio que tendrá dentro de 20 o más años y, con la actual tasa de inflación, es un depósito de valor extremadamente deseable a largo plazo.

Es un hecho que el dólar se va a inflar más, parece que tiene que llegar a un choque en algún momento ya que en algún momento simplemente hará que los precios sean irracionalmente altos, haciendo que el dólar sea más inútil en el transcurso del tiempo.

Una prueba de ello son los precios de las materias primas, como la madera, en estos momentos. Estos precios están por las nubes, y poco a poco están empezando a desestabilizar el mercado de la vivienda.
La causa de esto está en el hecho de que Donald Trump puso un aumento masivo de los aranceles a la importación de madera de China en 2020, creando una situación en la que Estados Unidos compra toda la madera de Europa, haciendo subir el precio inmensamente.

Esto hace que las renovaciones, las nuevas viviendas y otros proyectos que requieren grandes cantidades de madera sean mucho más caros, hasta el punto de influir en los precios del mercado inmobiliario en estos momentos.

Las viviendas han sido más caras que nunca en Europa, hasta el punto de que empiezan a causar problemas en otros mercados.

Esto significa que los bancos tienen que dar una hipoteca mucho más grande para una casa más pequeña que 10 años, lo que sólo contribuirá a ampliar la burbuja de crédito y su efecto en todos los aspectos de la economía.

La actual escasez de chips

El mayor contribuyente a la reserva de valor en Bitcoin es la escasez de chips, Bitcoin es uno de los factores que impulsan el aumento del valor de los chips y debido a la mayor demanda conduce a un precio inflado y a la escasez.

Una de las especulaciones es que Elon Musk provocó la caída porque la escasez de chips también está afectando a la producción de los coches Tesla. Por lo tanto, interrumpir el precio de mercado de Bitcoin, interrumpe el mercado de equipos de minería de Bitcoin, esto podría potencialmente crear un poco de espacio en el mercado de chips.

Un espacio muy necesario para otros fabricantes que realmente de una manera u otra en chips y semiconductores.

Pero la certeza sigue siendo que la dificultad de la minería de Bitcoin aumentará mientras exista el comercio de Bitcoin, lo que exigirá más al mercado de los chips, e impulsará los precios de los equipos necesarios para la minería de Bitcoin.

La computación cuántica no tendrá impacto en la minería de Bitcoin

Simplemente, estudios recientes, realizados por Louis Tessler y Tim Byrnes, han demostrado que la computación cuántica no puede hacer la minería de Bitcoin de forma más eficiente que las formas actuales de minería de Bitcoin. Por lo tanto, la prueba de trabajo de la minería de Bitcoin tiene un futuro muy estable en el entorno informático actual sin ninguna amenaza que haga que la prueba de trabajo de la minería de Bitcoin quede obsoleta.

Así que, en conclusión, y teniendo en cuenta todos estos factores, puede ser un movimiento muy inteligente para hacer crecer un capital a largo plazo invertir una cantidad mensual de dinero en Bitcoin, que normalmente ahorrarías en el banco regular.

Estrategias de inversión en criptodivisas

Una buena estrategia a aplicar para mantener Bitcoin u otras criptodivisas es invertir sólo el dinero que no se necesita a corto plazo. El Bitcoin, por ejemplo, en su estado actual es todavía extremadamente volátil, y si sigues su curso de cerca, y esperando sólo el crecimiento, podrías estar en una montaña rusa emocional.

Estos son los 5 pasos para una exitosa estrategia de inversión en criptografía

Paso 1: Decide cuánto dinero quieres invertir

El primer paso para una inversión exitosa en criptodivisas es siempre determinar el monto de la inversión. Sólo cuando sepa cuánto quiere invertir en criptodivisas, podrá empezar a desarrollar una estrategia adecuada para ello. Por ejemplo, si sólo quiere invertir una pequeña cantidad, entonces puede valer la pena elegir las altcoins algo más baratas sobre las que haya investigado lo suficiente. Es crucial entender qué valor tiene la moneda dentro del sistema financiero.

Si dispone de más presupuesto, invertir en Bitcoins, por ejemplo, podría ser una opción. Por lo tanto, determine siempre la cantidad de inversión por adelantado y asegúrese de no desviarse de ella más adelante. Puede ser muy tentador invertir más y más ahorros en criptodivisas.

Aunque en algunos casos esto puede ser inteligente (por ejemplo, cuando no necesitas los ahorros y ves buenas oportunidades de inversión), sigue siendo importante mantener suficientes ahorros en moneda normal. De este modo, en caso de emergencia, no tendrá que empezar a vender inmediatamente criptodivisas para poder financiar los gastos necesarios (inesperados).

Paso 2: Determinar la estrategia de inversión adecuada

Dentro de la inversión en criptodivisas, hay muchas estrategias diferentes imaginables. Por ejemplo, puede elegir invertir a largo o a corto plazo. La estrategia que más le convenga depende totalmente de su situación personal. Los posibles factores que pueden influir en la elección de la estrategia son, por ejemplo, cuánto tiempo quiere invertir el dinero, cuánto tiempo quiere invertir usted mismo (diaria o semanalmente) en su criptodivisa y cuánto conocimiento tiene ya sobre las criptomonedas.

En general, hay dos estrategias que se pueden seguir al invertir en criptodivisas. La primera estrategia consiste en mantener las monedas durante un largo periodo de tiempo para maximizar los beneficios. La segunda estrategia es el llamado day trading, en el que se compran criptomonedas con el objetivo de volver a venderlas a corto plazo.

En general, hay dos estrategias que se pueden seguir al invertir en criptodivisas. La primera estrategia consiste en mantener las monedas durante un largo periodo de tiempo para maximizar los beneficios. (inversión a largo plazo) La segunda estrategia es el llamado day trading, en el que se compran criptomonedas con el objetivo de volver a venderlas a corto plazo.

Establezca sus objetivos

Operar con acciones o criptomonedas es un gran juego entre "Toros" (compradores) y "Osos" (vendedores). Un grupo apuesta a que el precio bajará mientras que al mismo tiempo el otro grupo apuesta a que el precio subirá. Dentro del Crypto Trading, se pueden establecer aproximadamente dos objetivos:

1. **Reunir más Bitcoin:** Al intercambiar Altcoins contra Bitcoins, te aseguras de obtener más y más Bitcoin en tu poder. Las personas que eligen esta opción confían en que el Bitcoin va a ser mucho más valioso a largo plazo, por lo que quieren fijar la mayor cantidad de Bitcoin posible.
2. **Recogiendo más monedas fiat (como euros, dólares y otras):** Al comerciar con Bitcoin o Altcoins contra Euros, por ejemplo, puede asegurarse de poseer más y más Fiat. Este grupo de personas utiliza Bitcoin como cualquier otra unidad negociable. Por lo tanto, no creen en el valor subyacente, sino que principalmente encuentran interesante la volatilidad de la moneda.

¿A largo o a corto plazo?

Los fundamentos del comercio y la inversión son fáciles: comprar criptodivisas cuando su precio es bajo y venderlas cuando el precio es alto. Esto también se llama "largo" en términos de trading.
También puede hacerlo exactamente al revés, vender sus criptodivisas cuando los precios son altos y volver a comprar cuando el precio ha bajado. Esto también se llama "Short" en términos de comercio.

Cualquiera que comience a operar, básicamente siempre tomará una posición "larga". Compra Crypto y lo vende cuando el precio es más alto. Las posiciones cortas son utilizadas principalmente por operadores experimentados que también utilizan el apalancamiento. Sin embargo, desaconsejamos esto para los principiantes, ya que también puede llevarle a perder su dinero muy rápidamente.

Paso 3: Encuentre las monedas en las que desea invertir

Elegir una criptomoneda interesante, especialmente al principio, es probablemente uno de los pasos más difíciles. ¿Cuándo es interesante invertir en una moneda? ¿Cuándo es mejor no invertir en una moneda? Si supieras las respuestas a estas preguntas, serías millonario en cuestión de horas. Desgraciadamente, nadie sabe la respuesta a estas preguntas con un 100% de certeza, por lo que en cierto modo siempre es una apuesta. pero gracias a este libro ha obtenido más información sobre por qué el Bitcoin puede ser una inversión segura a largo plazo y cómo puede perder su dinero rápidamente al entrar en un esquema de pump and dump sin conocimiento previo.

Por lo tanto, si se adquiere el conocimiento suficiente sobre las monedas en las que se quiere invertir, se puede hacer una buena predicción. Por supuesto, siempre es inteligente repartir las oportunidades. Por lo tanto, nunca invierta en un solo tipo de criptodivisa, sino que reparta su depósito al menos entre 2 o 3 monedas diferentes. Por supuesto, también es cierto que la adquisición de conocimientos sigue siendo un proceso continuo. Por lo tanto, no es posible decir en un momento determinado que se tiene "suficiente conocimiento" de las monedas y luego no hacer más investigación.

Paso 4: El momento adecuado

Si lleva un tiempo leyendo sobre determinadas monedas, probablemente ya tenga una idea del momento de compra ideal para usted. Para determinar el momento ideal de compra, es conveniente, en cualquier caso, analizar cuidadosamente los precios de los últimos tiempos. A menudo se puede observar un patrón claro en la evolución de los precios de determinadas monedas. Además, también es importante determinar el momento de la venta.

¿Cuándo se vuelven a vender las monedas? El momento de la venta es diferente para cada persona. Depende totalmente del valor de venta con el que esté satisfecho. Aunque el momento de la venta es diferente para todo el mundo, es definitivamente prudente determinar de antemano a qué valor de precio planea vender su criptodivisa. Por supuesto, nadie le obligará en última instancia a venderla por ese valor, pero le da algo a lo que aferrarse en el incierto mundo de la criptodivisa.

Paso 5: Pedir ayuda

Especialmente cuando se está empezando a invertir en criptodivisas, hay muchas cosas que todavía no se conocen con exactitud. Aunque hay una enorme cantidad de conocimientos que se pueden encontrar en Internet, también puede valer la pena pedir ayuda a los expertos de vez en cuando.
Cada vez son más los asesores financieros que pueden ofrecer un excelente asesoramiento sobre la inversión en criptodivisas. Por supuesto, es importante ser crítico a la hora de elegir un asesor financiero. Los costes suelen ser elevados, pero los asesores financieros adecuados que se especializan en criptodivisas no cuestan nada en la práctica. Proporcionan muchos más beneficios que el coste del asesoramiento que se gasta.

En Stellar Moon Publishing, trabajamos con una serie de asesores que pueden proporcionarle el asesoramiento adecuado para desarrollar una estrategia rentable para sus inversiones en criptomonedas. Echa un vistazo a las opciones de contacto en la parte posterior del libro y haznos saber si necesitas ayuda con tu enfoque.

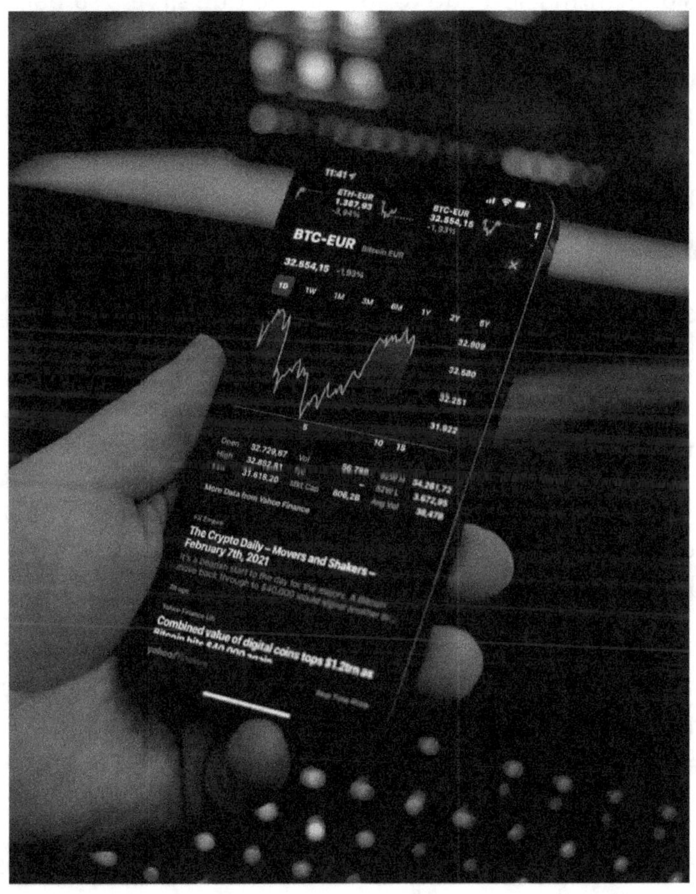

Consejos esenciales para el éxito de la criptomoneda

Las normas de seguridad están escritas con sangre. Esta es una afirmación que todo soldado que sirve a su país conoce. Aunque no estamos discutiendo el riesgo para la vida humana aquí, es extremadamente inconveniente para perder sus valiosos Bitcoins debido a los errores cometidos mientras que usted está negociando e invirtiendo en criptomonedas.

Dé una razón a cada transacción.

Sólo introduzca una **posición comercial**; *un precio al que quiera vender o comprar su moneda*.

Si sabe por qué quiere venderlo o comprarlo y, por tanto, tiene una estrategia clara en mente.

No todos los Crypto Traders pueden obtener beneficios porque se trata de un juego de suma cero (en el que tú obtienes beneficios y otro pierde).

Los grandes tenedores de monedas (también llamados Ballenas en el mundo de las criptomonedas) impulsan el mercado de alt & Bitcoin - sí, las mismas "ballenas" responsables de comprar y vender cientos de Bitcoins a la vez.

Las ballenas esperan pacientemente a que los pequeños inversores desprevenidos como nosotros cometan un error comercial.

Aunque quiera operar todos los días, a veces es mejor no hacer nada que lanzarse a las aguas turbulentas y arriesgarse a sufrir pérdidas importantes. Hay días en los que se puede ganar más dinero sin hacer nada.

Establecer objetivos claros y saber cuándo hay que parar

Para cada **posición de negociación** que desee tomar, debe definir un nivel de objetivo de beneficios preciso y, lo que es más importante, un nivel de stop-loss para limitar las pérdidas.

Establecer un objetivo de stop-loss implica determinar la pérdida máxima que se puede aceptar antes de cerrar la **posición de negociación**.

Hay que tener en cuenta varios factores a la hora de decidir un nivel de stop loss. La mayoría de los operadores fracasan porque se "enamoran" de su posición, es decir, las monedas que tienen parecen subir de precio, o esperan que no caiga más bajo, y no quieren vender y tomar la ganancia/pérdida, o se enamoran de la criptodivisa en sí.

Lo que significa que, pase lo que pase, se opta por mantener esa moneda a toda costa. "Estoy seguro de que cambiará, subirá más, y saldré de esta posición con una pérdida mínima", se dicen a sí mismos. Permiten que su ego les gobierne.

En comparación con el mercado bursátil tradicional, en el que una volatilidad del 2-3% se considera extrema, las transacciones de criptomonedas son mucho más arriesgadas: no es raro que una criptomoneda pierda el 80% de su valor en cuestión de horas. Y, desde luego, ¡no querrás ser tú quien se aferre a ellas!

Sea consciente del FOMO

Conozca el FOMO, que significa "Fear of Missing Out". No es divertido estar fuera mirando hacia adentro cuando una moneda específica se bombea como loco con enormes ganancias en tan sólo unos minutos.

Esa larga barra verde te ruega que la compres, diciendo: 'Eres el único que no se está beneficiando de esto, ¡cómprame!'. En este punto, también te darás cuenta de que muchas personas y grupos en Reddit, Telegram y otras plataformas solo pueden hablar de esta bomba.

Entonces, ¿qué debemos hacer? Es tan sencillo como eso: permanecer sobrios. Es cierto que el precio puede seguir subiendo, pero ten en cuenta que las ballenas (mencionadas anteriormente) simplemente buscan pequeños comerciantes a los que vender sus criptomonedas.

Que compraron a un precio más bajo. El precio ha subido, y está claro que la moneda está ahora en manos de sólo unos pocos comerciantes pequeños. Ni que decir tiene que, cuando la moneda es objeto de dumping en grandes cantidades, el siguiente paso suele ser una caída del precio al rojo vivo.

Evaluación de riesgos

"Los cerdos engordan; los cerdos se sacrifican". Esta cita cuenta la historia del beneficio desde el punto de vista del éxito. Para convertirse en un operador de Crypto rentable, nunca debe buscar los extremos. Busca pequeñas ganancias que se sumarán a una grande.

El riesgo debe gestionarse con prudencia en toda la cartera. Por ejemplo, nunca debe invertir más que una pequeña parte de su cartera en un mercado no líquido (muy volátil). A esas posiciones les daremos más margen, y los niveles de stop y objetivo se fijarán lejos del nivel de compra.

Las criptomonedas se intercambian por Bitcoin

Este activo subyacente provoca la volatilidad del mercado: la mayoría de las altcoins se negocian con Bitcoin en lugar de con moneda fiduciaria (como euros o dólares). Vea también: ¿Cuál es la diferencia entre la criptomoneda y el dinero fíat?

Bitcoin es extremadamente volátil en comparación con casi cualquier moneda fiduciaria, y este hecho debe ser considerado, especialmente cuando el precio de Bitcoin fluctúa dramáticamente.

Era común en los primeros años que Bitcoin y altcoins tuvieran una correlación inversa, lo que significaba que cuando Bitcoin subía, los precios de las altcoins caían en relación con Bitcoin y viceversa. Sin embargo, la correlación se ha vuelto menos clara desde 2018. En cualquier caso, cuando Bitcoin es volátil, las condiciones de negociación se vuelven difíciles de determinar.

Dado que no podemos ver con mucha antelación durante un periodo de volatilidad, es mejor establecer objetivos cercanos y metas de pérdidas paradas, o no operar en absoluto.

Utiliza tus monedas alternativas para comerciar

La mayoría de las altcoins pierden valor con el tiempo. Pueden perder valor de forma gradual o rápida.

Sin embargo, el hecho de que la lista de las 20 principales altcoins haya cambiado tan drásticamente en los últimos años dice mucho.
Ten en cuenta esto a la hora de añadir grandes cantidades de altcoins a tu cartera para el medio y largo plazo, y por supuesto, elígelas sabiamente.

Si está pensando en mantener las altcoins a largo plazo o en construir una cartera de criptomonedas a largo plazo, preste mucha atención al volumen de negociación diario y realice un análisis fundamental exhaustivo.

Las altcoins con una comunidad próspera tienen muchas posibilidades de sobrevivir a largo plazo.

ICO, IEO y venta de tokens

Pasando a las ICOs públicas (o IEOs, como se conocen ahora en 2021): son ventas de tokens de criptomonedas. Muchos proyectos nuevos optan por realizar una venta masiva, en la que ofrecen a los inversores una oportunidad temprana de comprar algunos de los tokens del proyecto a un precio más bajo.

El incentivo para los inversores es que, cuando el token llegue al mercado, podrán obtener grandes beneficios. En los últimos años se han producido muchas ventas de tokens con éxito, con retornos de la inversión de 10 veces.

La ICO de Augur, por ejemplo, proporcionó a los inversores una rentabilidad de 15 veces. ¿Cuál es el problema? No todos estos proyectos devuelven beneficios a sus patrocinadores. Muchas ventas resultaron ser una estafa total. No sólo no se negociaron en absoluto, sino que algunos proyectos desaparecieron con el dinero, para no volver a ser vistos ni escuchados.

Entonces, ¿cómo saber si debe invertir en una determinada venta de fichas?

La cantidad de dinero que el proyecto desea recaudar es una consideración importante. Un proyecto que recaude muy poco dinero probablemente no podrá desarrollar un producto que funcione, mientras que un proyecto que recaude demasiado dinero probablemente no tendrá suficientes inversores para comprar los tokens en el mercado. El aspecto más crucial es la gestión del riesgo. No ponga nunca todos los huevos en la misma cesta, y evite poner demasiada parte de su cartera en una sola OEI o ICO. Están clasificadas como de alto riesgo.

Comisiones

La realización de múltiples operaciones requiere el pago de una comisión mayor. Siempre es mejor y menos costoso para un creador de mercado colocar una nueva orden en el libro de órdenes en lugar de comprar en el libro de órdenes de una plataforma de negociación.

No crear presión

Comience a operar sólo cuando tenga las mejores condiciones para tomar las mejores decisiones, y sepa siempre cuándo y cómo dejar de operar si es necesario. El trading comienza con una estrategia bien pensada. Si estás bajo mucha presión, esto afectará a tu capacidad de decisión. Por ello, nunca te precipites.

Fijar objetivos y órdenes de venta

Establezca sus objetivos mediante la colocación de órdenes de venta. Nunca se sabe cuándo una ballena bombeará una moneda para comprar las acciones en el libro de órdenes (y pagar un precio más bajo en el lado del creador de la orden de venta).

Compra el rumor, vende la noticia

Cuando se publican noticias importantes, suele ser el momento adecuado para vender la moneda y no para comprarla.

No olvides la Ley de Murphy

Has hecho una operación rentable, pero como es habitual, el precio se dispara justo después de vender. No cedas a la tentación de cambiar de trabajo. En otras palabras, no sucumbas al **FOMO** (Fear of Missing Out). Estarás bien mientras haya beneficios.

No dejes que tu ego gobierne tus inversiones

El objetivo es obtener GANANCIAS. No malgaste recursos (tiempo y dinero) intentando demostrar que debería haber tomado tal o cual posición. Tenga en cuenta que ningún operador sólo entra en posiciones ganadoras. La regla general es que el número de operaciones ganadoras debe superar el número de operaciones perdidas.

Comprar cuando los precios son bajos

Los mercados bajistas son a veces los mejores momentos para obtener beneficios, si la moneda está bajando, eso podría significar que es el mejor momento para comprar y obtener beneficios con el tiempo. Pero asegúrate de que tu plan es sólido para el futuro próximo y de que tienes alguna idea de por qué la caída del precio es sólo temporal.

Compradores frente a vendedores

Consideremos la siguiente empresa hipotética. Las personas que creen en la empresa compran todas las acciones que pueden al precio de 10 dólares.

Sin embargo, para ello debe haber también personas dispuestas a vender sus acciones a ese precio. En consecuencia, estas personas son escépticas de que el precio vaya a subir. No venderían si creyeran que lo haría. Si un accionista desea vender sus acciones, es libre de fijar su propio precio.

Supongamos que alguien pone a la venta sus acciones a 12 dólares cada una, y otros quieren comprar a 10 dólares. En ese caso, ambas partes pueden acordar un precio de 11 dólares y llegar a un acuerdo. Tras el primer día de negociación, el precio de nuestra tienda de donuts es de 11 dólares por acción. En muchos sentidos, esto refleja cómo percibe el mercado nuestra empresa.

Este principio se aplica a las criptomonedas de forma similar.

Si usted es un inversor inteligente, entiende que no puede aprender todo simplemente mirando el precio actual. Utilizando los datos históricos, puede estimar el sentimiento del mercado. ¿Es el precio actual

45

demasiado alto o demasiado bajo? ¿Cuál era el precio al principio del día el año pasado? ¿Hubo una caída del precio el trimestre pasado?

46

Bitcoin frente a Ethereum

¿Cuál es la diferencia y qué criptomoneda tiene un futuro más prometedor?

Anteriormente explicamos que el Bitcoin tiene un tremendo potencial a largo plazo, pero ¿cómo se enfrenta al número 2? Debería invertir en ambas monedas?

Bitcoin y Ethereum son las dos mayores criptomonedas en capitalización de mercado. Los coinversores suelen optar por mantener sólo una de las dos en su cartera. A pesar de ese enfoque, estas criptomonedas siguen siendo muy diferentes. ¿Cuáles son las mayores diferencias? ¿Por qué la gente cree en una y no en la otra? Algunos expertos del sector arrojan su luz sobre el asunto.

La carrera de Ethereum en el último año

2021 ha demostrado ser el año de Ethereum. La segunda criptomoneda se está acercando rápidamente a la capitalización de mercado de Bitcoin. Por ejemplo, con una capitalización de mercado de 501.000 millones de dólares, la moneda es más valiosa que el banco de inversión estadounidense JP Morgan en el momento de escribir este artículo.

Aun así, el mayor contrincante de Bitcoin tiene un largo camino que recorrer si quiere superar la capitalización de mercado de Bitcoin (actualmente de 1 billón de dólares). Recientemente, 1 Bitcoin valía la friolera de 13,25 Ethereum.

¿Qué es exactamente Ethereum?

La moneda Ethereum (ETH) es una de las monedas con mayor capitalización de mercado. Una alta capacidad de mercado suele indicar que hay mucha fe en una moneda concreta, y la moneda Ethereum, al igual que Bitcoin, tiene mucha fe.

Mientras que los inversores son escépticos sobre el futuro de Bitcoin, el futuro de la moneda Ethereum parece ser brillante por el momento. De hecho, el precio de la moneda Ethereum aumentó más del 3000% en 2017.

Por supuesto, la pregunta es siempre si invertir en esta moneda virtual sigue mereciendo la pena. Para poder responder a esta pregunta por sí mismo, esta página le explicará el principio de la moneda. De este modo, podrá hacerse una idea de qué tipo de moneda es y cómo ve el futuro de Ethereum.

¿En qué se diferencia de Bitcoin?

Mientras que Ripple, por ejemplo, se centra en agilizar las transacciones para el mercado financiero, la moneda Ethereum se centra en el uso de aplicaciones. El principio de la tecnología Ethereum es crear una situación en la que las aplicaciones puedan utilizarse sin la intervención de una autoridad central. Las aplicaciones que utilizan esta tecología también se denominan DApps (o aplicaciones descentralizadas). La principal ventaja de las aplicaciones que utilizan la tecnología Ethereum es que básicamente no hay más pérdida de datos, manipulación de datos, censura dentro de la aplicación o tiempo de inactividad de la aplicación.

El precio de la moneda Ethereum está determinado por algo más que la oferta y la demanda entre los inversores. El precio depende mucho más del uso que se haga de las DApps. Un gran número de empresas de todo el mundo apoyan el concepto de Ethereum. Como resultado, no es de extrañar que el valor de la moneda haya subido de forma espectacular en 2017.

En el mercado de las criptomonedas, Ethereum sigue siendo una moneda relativamente nueva. El precio de Ethereum ha aumentado constantemente desde su creación en 2015. En 2017, el precio de Ethereum aumentó más del 3000%. Esta subida se explica fácilmente porque más empresas internacionales expresaron su interés en Ethereum.

Empresas multinacionales como ING, Microsoft, BP y Deloitte, por nombrar algunas, ya se han unido a la Enterprise Ethereum Alliance (una asociación fundada por Ethereum). Las mayores empresas del mundo están cada vez más interesadas en colaborar con Ethereum. Cuantas más grandes empresas utilicen la red Ethereum, más confianza habrá en la moneda. Una mayor confianza, por supuesto, se traduce en un tipo de cambio más alto.

La compra de monedas Ethereum es similar a la compra de Bitcoin. Ethereum está vinculado a todos los conocidos "intercambios de criptodivisas", por lo que es extremadamente sencillo comprar la moneda con otras criptodivisas.

La compra de Ethereum es similar a la de Bitcoin. Ethereum está vinculado a todos los conocidos "intercambios de criptodivisas", por lo que es extremadamente sencillo comprar la moneda con otras criptodivisas.

Las monedas de Ethereum también pueden comprarse con dólares a través de varios proveedores internacionales. Dado que no todos los intercambios cobran una tasa de transacción razonable, es mejor quedarse con las partes más conocidas. El truco para comprar monedas Ethereum es, por supuesto, esperar el momento adecuado para comprar. Muchos inversores compran las monedas cuando están a punto de perder valor.

La criptomoneda Ethereum es relativamente estable (en la medida en que una criptomoneda puede ser estable). A pesar de que la moneda es relativamente estable, invertir en criptodivisas es siempre arriesgado.

En consecuencia, sólo invierta en Ethereum con fondos que pueda permitirse perder. Mucha gente cree que es necesario comprar monedas completas de Ethereum; sin embargo, no es así. También puede comprar media moneda o menos.

Las monedas de Ethereum se pueden depositar utilizando un monedero online o offline. Para el depósito online de monedas Ethereum, tienes un gran número de proveedores de monederos online entre los que elegir.

Ethereum puede comprarse en línea a través de bolsas como Binance. Dado que las monedas de Ethereum tienen un valor relativamente alto, cada vez más personas optan por mantener sus monedas seguras fuera de línea. También se puede elegir entre un monedero de hardware y un monedero móvil.

NFT y Ethereum

Una de las razones por las que Ethereum podría ver una buena subida de precios en los próximos años es por los NFT (tokens no fungibles).

Las NFT se han hecho muy populares en poco tiempo, incluso entre los artistas que esperan ganarse un poco de calderilla en tiempos de coronación. ¿O calderilla? Algunas obras de arte NFT cambian de manos por millones.

El revuelo en torno a los tokens no fungibles está atrayendo a los recién llegados al mundo de las criptomonedas. Tienen curiosidad por saber qué son las NFT o esperan hacerse ricos rápidamente comerciando con arte digital.

Las ventas de NFT se realizan principalmente a través de la plataforma Ethereum, al igual que Bitcoin, una red descentralizada basada en el concepto de blockchain. Pero no basta con tener una cartera digital llena de éter -una de las criptomonedas más populares-.

Si quieres leer más sobre el arte de las NFT y el comercio de las mismas, puedes consultar nuestro libro sobre el tema.

Resumen:

- Ethereum es una plataforma descentralizada que utiliza la tecnología blockchain de la que fue pionero el misterioso Satoshi Nakamoto - seudónimo- creador de Bitcoin.
- Mientras que Bitcoin ha descubierto una forma de transferir valor digitalmente, directamente de persona a persona, Ethereum está adoptando un enfoque diferente", escribe el sitio web especializado BTC.direct. Se dice que la red Ethereum es la base de un nuevo tipo de Internet. Además, el "ecosistema" de Ethereum sirve de base para el desarrollo de aplicaciones descentralizadas (DAPP) y contratos inteligentes.
- Las DAPP serían mucho más respetuosas con la privacidad y seguras que las actuales aplicaciones centralizadas de Internet. Además, no son censurables.

¿Cómo ven el futuro los grandes inversores de Ethereum?

Tally Greenberg, jefe de desarrollo de negocio de la empresa de software Allnodes, dice lo siguiente sobre Ethereum:

La ventaja tecnológica y la utilidad del ecosistema de Ethereum es mucho mayor que la de Bitcoin, y creo que los inversores están empezando a verlo también. Actualmente hay más de 75.000 millones de dólares invertidos en proyectos DeFi en la blockchain de Ethereum -hace apenas un mes eran 40.000 millones-. Solo los contratos inteligentes soportados por la red ofrecen infinitas posibilidades y deberían ser suficientes para que Ethereum tenga una ventaja competitiva sobre Bitcoin.'

Steve Ehrlich, director general y fundador de la empresa de corretaje de criptomonedas Voyager Digital:

"Creo que Ethereum ofrece mejores perspectivas debido a su utilidad, funcionalidad y ecosistema". Los clientes de Voyager (broker de criptoactivos, ed.) que poseen tanto Bitcoin como Ether han comenzado a tener más Ether en los últimos meses. También estamos viendo que nuestros mayores inversores se están sintiendo más cómodos con el perfil de riesgo/recompensa de Ether. La blockchain de Ethereum está impulsando el ecosistema más desarrollado para las finanzas descentralizadas y las NFT, que están ganando popularidad. Ethereum

también recibirá una -interesante- actualización en un futuro próximo".

"Existe la *expectativa de que el ETH sea reconocido por los inversores institucionales",* **dice Megan Kaspar, directora gerente de la firma de criptoinversión Magnetic.**

"Creo que el éter ganará terreno. Cuando los inversores sean conscientes de las oportunidades tecnológicas, los flujos de capital se desplazarán hacia el Ether. A largo plazo, los análisis técnicos y fundamentales muestran que Ether tiene un mayor potencial de subida que Bitcoin. "

¿Cuál es la diferencia entre Bitcoin y Ethereum?

La red Ethereum permite a los desarrolladores construir sus proplas aplicaciones descentralizadas; Bitcoin no tiene esto.

Otra diferencia es que el creador de Ethereum es conocido, mientras que el de Bitcoin no lo es.

La oferta determina el precio de Bitcoin (a diferencia de la moneda fiduciaria, la oferta de Bitcoins es escasa y finita). Con Ether, sin embargo, hay otros factores en juego: por ejemplo, la red permite a las start-ups emitir un token para su propio proyecto de blockchain.

Ahora mismo, los inversores deberían tener tanto Bitcoin cómo Ethereum en sus carteras.

Bitcoin tiene muchas posibilidades de seguir siendo el principal criptoactivo del mundo, mientras que Ethereum tiene muchas posibilidades de convertirse en la principal plataforma de desarrollo de software distribuido del mundo.

Por ello, si quiere sacar el máximo partido a su cartera, **invierta en ambas cosas ahora.**

¿Por qué llama la atención Ripple?

Aparte de Bitcoin, hay una plétora de otras criptodivisas que pueden ser mucho más lucrativas en términos de rendimiento que el conocido Bitcoin. Ripple (XRP), es una de las criptodivisas con una enorme capitalización de mercado.

Desde finales de 2017, el precio de la moneda Ripple ha subido drásticamente, y sigue fluctuando significativamente hasta el día de hoy.

Te estarás preguntando: "¿Es el Ripple una buena moneda para invertir?". Para dar una respuesta satisfactoria, en este capítulo profundizaremos en todo lo relacionado con Ripple.

¿Qué es Ripple?

Empecemos por responder a la pregunta: "¿Qué es Ripple?". Las criptomonedas se desarrollaron tras la crisis económica, en parte para reducir la influencia de los bancos en las transacciones económicas. Mientras que la mayoría de las criptodivisas actuales siguen basando sus perfiles en este concepto, la moneda Ripple no lo hace.

Ripple, por el contrario, es una moneda centralizada diseñada para permitir que las instituciones financieras (incluidos los bancos) y las transacciones internacionales se completen más rápidamente.

Ripple ya está trabajando en una solución de sistema de pagos para gran parte del tráfico bancario de Santander, Reise Bank, BBVA, Bank of America y UniCredit, entre otros. Ya tienen una participación del 40% en el sistema de pagos de los bancos de Asia.

Se espera que la tecnología de Ripple despierte el interés de un número creciente de bancos. Como resultado, se espera que el número de bancos que utilizarán esta tecnología crezca rápidamente.

Por supuesto, "acelerar las transacciones internacionales" no suena muy claro ahora. El principio de la tecnología Ripple se explicará con más detalle mediante un breve ejemplo: Hay una diferencia de divisas cuando un cliente quiere hacer una transacción desde un banco español (por ejemplo, el Santander) a un banco estadounidense (por ejemplo, el Bank of America).

El cliente español transfiere la cantidad en euros, y ésta llega en dólares al banco americano. Para realizar estas operaciones, el Banco de Santander tiene una cuenta en Bank of America y Bank of America tiene una cuenta en el banco de Santander, las llamadas cuentas nostro y vostro.

Realizar un pago en España a un banco estadounidense lleva mucho tiempo debido a los numerosos eslabones de este proceso. Ripple se centra en acelerar este proceso, completando las transacciones en moneda Ripple.

Hacer un pago ya no lleva varios días, sino sólo unos segundos. Esto no solo reduce los costes de las transacciones para los bancos, sino que los clientes de los bancos también pueden completar sus transacciones más rápidamente.

La demanda de Ripple

La SEC presentó por sorpresa una demanda contra Ripple y dos de sus ejecutivos, el cofundador Chris Larsen y el consejero delegado Brad Garlinghouse, en diciembre. El regulador alega que seguir vendiendo XRP a inversores particulares viola las leyes de valores.

La SEC espera fortalecer su caso demostrando que Ripple manipuló a propósito la expectativa del precio del XRP de la criptodivisa con anuncios estratégicamente programados.

Hasta ahora, el análisis de Larsen y Garlinghouse de las billeteras de criptomonedas ha revelado que cantidades masivas de XRP fueron entregadas a intercambios basados en suelo extranjero. Sin embargo, Ripple "no entregó ningún documento de cuenta de activos digitales con base en el extranjero ni explicó de otro modo la importancia de estas transferencias de XRP", según la carta de la SEC.

"Aunque la SEC también ha intentado obtener esta información directamente de Ripple, ésta le ha informado recientemente de que tampoco la tiene, lo que deja la única vía de investigación en el extranjero", explica la carta.

Sin embargo, parece que las investigaciones no han empezado con buen pie, ya que las peticiones a nueve reguladores extranjeros diferentes han vuelto con las manos vacías. Según la carta, dos reguladores se negaron a ayudar y otros tres se negaron a permitir que la SEC publicara sus comunicaciones. Sólo un regulador sugirió que la SEC podría utilizar las conversaciones entre las dos partes para reforzar su caso.

Si el tribunal concede la moción de Ripple, la SEC tendría que hacer peticiones de cese y desistimiento a los reguladores extranjeros, poniendo fin a esta línea de investigación.

11:20
Bitcoin
$36,588.28
-0.02%
$38,769.84

¿Cuál es el precio de Ripple?

Ahora que hemos cubierto los fundamentos y las recientes noticias que rodean la demanda contra Ripple, vamos a llegar al fondo de la cuestión: ¿Cuál es el precio de Ripple? Ripple se fundó en 2012 con el objetivo de acelerar las transacciones financieras. Mientras que el precio era inicialmente estable (bajo), ha subido significativamente desde finales de 2017.

Ripple se convirtió en una empresa de mil millones de dólares casi inmediatamente como resultado del aumento de precios. Los propietarios de Ripple siguen gestionando una gran parte de la capacidad del mercado, por lo que el público solo dispone de una cantidad limitada.

La subida de precios se explica por el hecho de que Ripple ha contratado a una serie de grandes clientes del mundo financiero. Entre ellos se encuentran clientes como Bank of America y Royal Bank of Scotland. Además, Ripple cuenta con el apoyo de muchas empresas multinacionales, entre ellas Google. En enero de 2018, el precio se situó por primera vez en 3,10 dólares por Ripple.

La subida de precios se explica por el hecho de que Ripple ha firmado contratos con una serie de grandes clientes financieros. Entre los clientes se encuentran el Bank of America y el Royal Bank of Scotland. Además, Ripple cuenta con el respaldo de muchas empresas multinacionales, incluida Google. En enero de 2018, el precio era de 3,10 dólares por Ripple.

Cómo comprar Ripple

¿Ya estás un poco emocionado? Entonces te estarás preguntando, ¿dónde puedo comprar Ripple? Al principio, era difícil comprar Ripple con dólares o euros. Afortunadamente, últimamente han surgido más y más opciones para ello.

Cuando se compran monedas Ripple con dólares, suele haber altas comisiones por transacción. Por lo tanto, es aconsejable convertir primero los dólares a una moneda digital más común (por ejemplo, Bitcoin (BTC) o Ethereum (ETH) y luego comprar las monedas Ripple a través de un intercambio como Binance.

Cardano: la moneda inteligente

Cardano se ha hecho un nombre en el mundo de las monedas virtuales en un periodo de tiempo relativamente corto. Cardano ya ha entrado en el top cinco de las criptomonedas a principios de 2018. Como resultado, la moneda ya es más valiosa que monedas conocidas como NEM y Litecoin.

Aunque es imposible predecir el futuro de una moneda, los expertos en criptomonedas tienen grandes esperanzas en la moneda Cardano. Como resultado, se espera que esta moneda supere el puesto número dos en un futuro próximo. Por supuesto, la cuestión ahora es cómo explicar el éxito de la moneda Cardano.

El éxito de Cardano, según sus desarrolladores, puede atribuirse a que es la única moneda virtual basada en teorías matemáticas académicas.

Una colaboración de varias universidades internacionales dio lugar a la creación de la moneda Cardano. Entre los creadores de la moneda Cardano se encuentran académicos de renombre de universidades como la de Atenas, Edimburgo y Connecticut, entre otras. La criptomoneda Cardano se basa en una serie de teorías matemáticas académicas de gran prestigio. Como tal, la moneda lleva el nombre del matemático Gerolamo Cardano, uno de los matemáticos más famosos e influyentes de la historia.

Por supuesto, una moneda virtual basada en teorías matemáticas suena extremadamente intrigante, pero ¿qué significa esto en la práctica para la calidad de la moneda? El director general de Cardano es también el antiguo director general y desarrollador de la criptomoneda Ethereum.

Se dio cuenta de que la mayoría de las nuevas criptodivisas lanzan nuevas monedas rápidamente y, como resultado, no dedican suficiente tiempo a desarrollar el concepto completo.

Según él, como resultado de esto, muchas monedas virtuales acaban haciendo promesas que no pueden cumplir en la práctica.

Según Charles Hoskinson, esto conduce en última instancia a una menor confianza en el mercado de las criptomonedas en su conjunto. La moneda Cardano se creó para restaurar esta confianza.

Cardano emplea a un equipo de académicos para garantizar que las promesas hechas para la moneda se mantengan en la práctica. Las responsabilidades dentro del proyecto se delegan en académicos que son expertos en ese campo específico.

Por supuesto, tener un buen equipo es fundamental para una moneda virtual, pero en última instancia se trata de la tecnología que hay detrás de la moneda. La principal diferencia entre las criptomonedas actuales y Cardano es que la moneda Cardano funciona según el principio de "verificación formal".

Los contratos inteligentes basados en la "verificación informal" se utilizan cada vez más con las monedas virtuales hoy en día, lo que a menudo da lugar a contratos que no han sido probados o que no funcionan completamente.

Se utilizan teorías matemáticas para probar la "verificación formal" de la moneda Cardano. Para garantizar la seguridad de la moneda, el equipo utiliza el lenguaje de programación "Haskell". Los expertos consideran que Haskell es el lenguaje de programación más seguro.

Cardano también ha creado su propia técnica "Ouroboros", que se basa en el conocido método "Proof of Stake (POS)". El principio "Proof of Stake" dicta que la moneda, al igual que Bitcoin, no puede ser minada. El principio "Proof of Stake" establece que mantener las monedas en un monedero aumenta el número de monedas (también llamado "staking").

Cardano no es la única moneda virtual que emplea el método "Proof of Stake"; monedas líderes como NEO, Dash y Stratis también lo hacen. Aunque la técnica es obviamente muy intrigante, también plantea algunos riesgos de seguridad. La técnica Ouroboros de Cardano garantiza la eliminación de estos riesgos de seguridad.

¿Cuál es el precio de Cardano?

Ha sido posible comprar Cardano ICO desde 2015, este período sólo se detuvo en enero de 2017. Durante mucho tiempo, Cardano mostró un precio estable en torno a los 0,02 dólares.

Desde principios de noviembre de 2017, el precio de Cardano mostró varias fluctuaciones, un aumento constante fue evidente.

A principios de 2018, la moneda virtual alcanzó una subida fenomenal, el valor se situó entonces en más de 1,21 dólares cada uno durante un breve periodo de tiempo.

Aunque la moneda Cardano todavía se considera una moneda relativamente joven en el mercado de las criptodivisas, cada vez son más los principales operadores que expresan su confianza en el futuro de Cardano. Por lo tanto, es claramente visible un aumento de la capacidad de mercado de Cardano.

¿Cómo comprar Cardano?
Mientras tanto, ¿también está convencido de un futuro exitoso para Cardano? Entonces puede optar por comprar también algunas de estas monedas.

A principios de 2021, el precio de estas monedas fluctuará entre 0,80 y 2,40 dólares cada una, por lo que ya se puede invertir por una pequeña cantidad de dinero. La compra de monedas Cardano se puede hacer en el intercambio de Binance.

Para poder comprar Cardano, primero se pueden comprar Bitcoins y luego convertirlos en Cardano. Sin embargo, hoy en día también es posible comprar Cardano directamente.

La compra de estos Bitcoins puede hacerse, por ejemplo, a través de una plataforma como Coinbase.

Nano

Aunque el nombre de la moneda pueda aludir a algo insignificante, la criptomoneda Nano (NANO, antes conocida como RaiBlocks) tiene grandes ambiciones de superar el objetivo de Bitcoin. Como medio de pago diario, Nano aspira a ser una alternativa tanto a las monedas fiduciarias como a las criptomonedas dominantes. Este tipo de sistemas suelen estar estancados por diversas limitaciones tecnológicas, pero la organización de Nano presenta su "cura" en la arquitectura blockchain, que proporciona transacciones seguras e instantáneas sin coste alguno.

¿Qué es exactamente Nano?
El equipo de Nano se centra en Bitcoin en su libro blanco como la primera criptodivisa en ganar una amplia aceptación e introducir al público en la cadena de bloques. Bitcoin, según estos desarrolladores, comete varios pecados importantes que ninguna criptodivisa debería cometer.

- **La escalabilidad es limitada.** El problema de la escalabilidad se deriva de la capacidad limitada de los bloques de la cadena de bloques para almacenar datos. Esto reduce efectivamente el número de transacciones por segundo que la cadena de bloques puede manejar, especialmente a medida que la tecnología madura y el número de usuarios en la plataforma crece. También ha convertido de hecho un lugar en un bloque en una "mercancía", con el coste medio de las transacciones de Bitcoin considerado inaceptable por muchos usuarios.

- **Larga latencia.** La latencia computacional existente con Bitcoin y otras criptomonedas se describe como excesiva y una de las causas de los largos tiempos de confirmación. Nano está intentando mejorar también en este aspecto.

- **El consumo de energía es ineficiente.** Por ejemplo, como el modelo de consenso Proof of Work (PoW) de Bitcoin requiere una media de 260 kWh por transacción, toda la red necesitaría aproximadamente 27 TWh al año. Como alternativa, Nano propone abandonar los protocolos de consenso distribuidos como PoW y Proof of Stake (PoS) y, en su lugar, proporcionar a cada usuario su propia blockchain. Esto podría reducir la competencia entre los propietarios de los sistemas informáticos y permitir el uso de otros menos exigentes para el mismo fin.

Todas estas características, cuando se combinan, deberían teóricamente proporcionar a la plataforma Nano un escalado ilimitado, así como transacciones más rápidas y fluidas y un menor consumo de energía como ventaja para los usuarios.

Esto sigue contribuyendo a que Bitcoin sea un excelente depósito de valor a largo plazo debido a sus limitaciones técnicas. Sin embargo, como sistema de pago, Nano sería muy superior.

¿Cuál es el precio de Nano

La capitalización de mercado de Nano es de 247.049.170 dólares en noviembre de 2018. Para 2021, la capitalización de mercado puede superar los 1.441.775.355 dólares. El valor actual es una caída desde el máximo histórico de más de 4.000 millones de dólares a principios de 2018.

La oferta total y en circulación de Nano es de 133.248.290 NANO, y no se están creando nuevos tokens. El sistema basado en grifos, que se cerró en octubre de 2017, se utilizó para la distribución inicial de tokens. Nano puede adquirirse en bolsas de criptodivisas como Binance y HitBTC.

Luminarias estelares

Jed McCaleb fundó tanto Stellar Lumens como Ripple, que son monedas digitales. Aunque se basan en la misma premisa, no son lo mismo, ya que Lumens se centra en ayudar a los particulares a transferir dinero y no a las instituciones. McCaleb ha adoptado un enfoque más activo hacia el hombre común con Lumens, a diferencia del enfoque más corporativo de su predecesor.

La red Stellar es el verdadero marco descentralizado peer-to-peer, mientras que Lumens (XLM) es el token de la red. La red se fundó en 2014, y en mayo de 2021, Stellar Lumens había ascendido a la 14ª posición entre las criptomonedas más populares. El precio más alto de todos los tiempos de Stellar fue de 0,93 dólares en enero de 2018, pero ahora solo es de 0,06 dólares.

¿Cuál es el objetivo de Stellar Lumens?

Lumens se creó para ayudar a la gente a superar los retos de las transacciones transfronterizas. Los largos tiempos de transacción y las elevadas comisiones son dos de estos impedimentos. Lumens trató de aliviar estos problemas para los usuarios residenciales proporcionando una forma rápida y barata de enviar dinero por todo el mundo.

Los creadores de Stellar Lumens reconocen que no todas las personas de nuestro mundo tienen fácil acceso a los servicios financieros, e incluso si lo tienen, pueden ser prohibitivamente caros. Por ello, el equipo se ha comprometido a proporcionar servicios financieros a cualquier persona en cualquier parte del mundo que tenga una conexión activa a Internet y algunos recursos básicos de hardware.

Los Lumens son los tokens que la gran red Stellar utiliza para enviar dinero y convertir divisas. La red es una red peer-to-peer descentralizada.

Los lúmenes permiten que un tipo de moneda sea enviado por un compañero y recibido por otro como otro tipo de moneda. Pasará por varias divisas en su camino hacia el destinatario. La red Stellar logra esto determinando si hay un intercambio directo de pares de divisas.

Si no es así, puede comprobar si la moneda inicial del poseedor de Lumens está en demanda, y una vez que tiene los Lumens, puede buscar un número de Lumens más la moneda final. Esto permite una transacción de valor simple entre monedas que no tienen un par comercial común.

Todo esto es posible gracias a las "anclas" de la red Stellar. Las anclas facilitan el intercambio de divisas dentro de la red al poder mantener un depósito y emitir crédito en otra moneda. Este proceso es increíblemente rápido porque todas las anclas están en la misma red, la red Stellar.

Aunque los Lumens tienen un valor intrínseco, la función principal de los tokens es servir de puente entre diferentes monedas. Como tal, sería beneficioso considerarlo como algo más que dinero. Su capacidad para convertir monedas para los usuarios y hacerlo rápidamente lo distingue de las monedas fiduciarias estándar que se suelen denominar "dinero real".

IBM eligió a Stellar Lumens para colaborar en el desarrollo de World Wire, que permite a las instituciones financieras enviar dinero por todo el mundo a un coste mucho más bajo y rápido que antes. Stellar Lumens ganó credibilidad y exposición al mundo financiero tradicional al colaborar con IBM.

¿Vale la pena invertir en Stellar Lumens?

Los Lumens de Stellar no se pueden minar. Stellar, por su parte, controla el suministro de Lumens. Inicialmente se crearon 100.000 millones de Lumens, y el suministro aumentó un 1% al año durante cinco años hasta que la comunidad de Stellar votó en contra.

Stellar siguió el consejo de la comunidad y redujo el número de Lumens existentes a la mitad, a 50.000 millones, prometiendo no crear nunca más. Sólo unos 20.000 millones de esos 50.000 millones siguen en circulación, y el resto está en manos del SDF para fines de desarrollo y promoción.

Las transacciones de Stellar Lumens entre cuentas se realizan mediante un protocolo de consenso, ya que no hay minería.

Con una gran oferta de Lumens, un precio de la moneda relativamente bajo y el hecho de que no se considera un buen almacén de valor, actualmente puede ser una inversión arriesgada si se compara con otros criptoactivos como Ethereum, Bitcoin y Link.

Sin embargo, si un número creciente de personas en todo el mundo comienza a utilizar Lumens para transferir dinero, la historia podría cambiar drásticamente.

Una transacción de Lumens cuesta 0,00001 XLM, por lo que es extremadamente barata. Cuando compras Lumens a través de intercambios online, el sitio donde los compras te cobrará una comisión.

Coinbase, por ejemplo, cobra entre 0,99 y 2,99 euros por cada compra de entre 1 y 200 euros. Si se utiliza una tarjeta de débito, hay una comisión adicional del 3,99 por ciento. Intercambios como Kraken tienen tasas mucho más bajas, normalmente alrededor del 0,26 por ciento, pero siguen siendo tasas adicionales además de las monedas reales.

Futuros de Binance

El concepto funciona de la siguiente manera en el comercio de futuros, como Binance Future. Se hace una apuesta sobre una predicción de precios. Como resultado, los futuros son un derivado (o un derivado) de una criptodivisa. El comercio de futuros se está volviendo cada vez más popular por una variedad de razones importantes. Las siguientes son las razones:

El comercio de futuros le permite ganar mucho dinero incluso en un mercado en el que los precios están bajando.

Trabajar con palancas (apalancamiento) aumenta considerablemente las oportunidades de beneficio (¡y con ello también el riesgo!).

Hay algunos beneficios más que mencionar, pero estos dos son, con mucho, los más importantes.

Cuando se posee una criptomoneda, su valor aumenta cuando los precios suben y disminuye cuando los precios bajan. Esto no es una tarea difícil. Sin embargo, en un mercado bajista, es imposible obtener beneficios de esa criptodivisa. En el mejor de los casos, puede vender todo a un precio máximo, esperar a que baje el precio y luego intentar comprar a un precio mínimo.

Sin embargo, el comercio de futuros le permite obtener beneficios incluso en un mercado a la baja. Puede, por ejemplo, apostar por la predicción de una caída de precios. Si el precio cae en el futuro, te pagarán por ello.

Por otro lado, por supuesto, perderá dinero en el momento en que no se produzca la bajada de precios prevista y los precios suban.

El comercio de futuros le permite aprovechar el llamado efecto de apalancamiento. Esto le permite multiplicar los efectos de sus operaciones hasta 125 veces. Por eso, el comercio de futuros en general sólo es apropiado para los operadores de criptomonedas más experimentados.

Cuando se utiliza el apalancamiento, ese factor se aplica a cada dólar de beneficio o pérdida que se obtiene. Esto tiene mucho potencial, pero también tiene mucho riesgo. Por ello, es fundamental proceder con precaución y previsión.

Puede aumentar el impacto de sus operaciones utilizando el apalancamiento. El apalancamiento en las operaciones de futuros puede establecerse entre 1x y 125x. Así, si establece un apalancamiento de 20x (el ajuste estándar para los futuros), podrá abrir una posición de nada menos que 200 USDT con 10 USDT.

Esto le permite operar rápidamente con grandes sumas de dinero, por lo que es fundamental que entienda cómo funciona el proceso de liquidación de estas posiciones. Cuanto mayor sea su posición, menos apalancamiento tendrá. Por otra parte, también es cierto que cuanto más pequeña sea su posición, más apalancamiento tendrá.

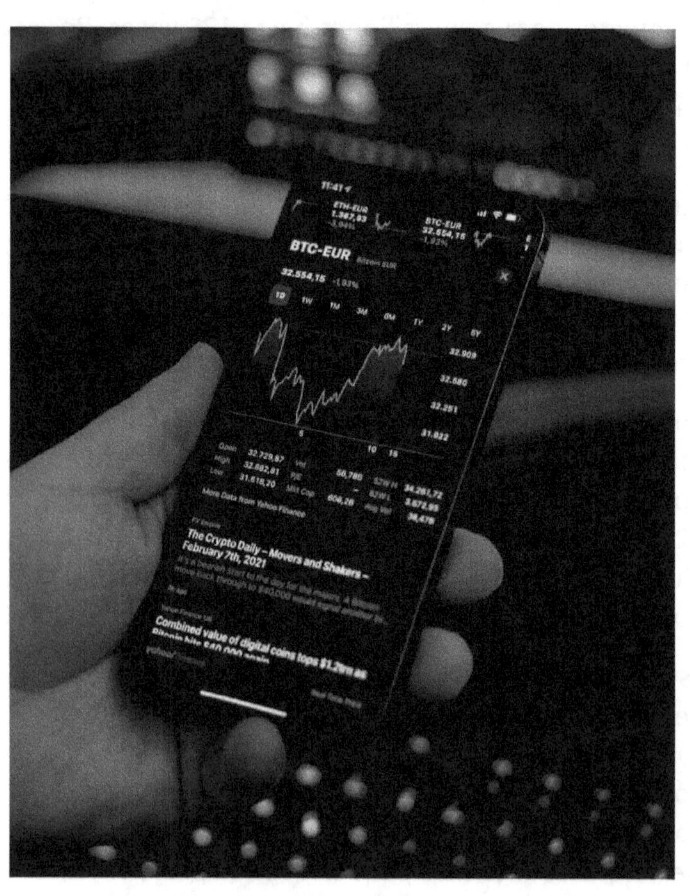

El riesgo de los futuros de Binance

Si ha participado en inversiones de forma habitual, será consciente de que invertir conlleva cierto riesgo. Las acciones, los bonos, las materias primas, los contratos de futuros y las criptomonedas tienen un valor en el momento de la compra que puede subir o bajar. En consecuencia, esto se denomina riesgo de inversión.

Invertir en bonos del Estado o en fondos indexados suele ser menos arriesgado que invertir en acciones individuales. El comercio de acciones suele ser menos arriesgado que el de criptodivisas. Como probablemente sepa, el mercado de las criptomonedas es extremadamente volátil.

Cuando se empieza a operar con futuros y se añade un factor de apalancamiento, el riesgo se multiplica por el factor de apalancamiento. No en vano, el comercio de futuros es más adecuado para los operadores más experimentados. La oportunidad es inédita, pero también lo es el riesgo.

La regla general es que cuanto mayor es el riesgo, mayor es el margen de beneficio. Y viceversa: cuanto menor sea el margen de beneficio, menor será el riesgo.

Puede estar claro que el comercio de futuros abre un nuevo territorio en el que acechan oportunidades y amenazas. En cualquier caso, ofrece oportunidades que no tendría en el mercado normal (al contado), en parte gracias al principio de apalancamiento.

Sin embargo, el comercio de futuros también implica un riesgo considerable, por lo que no es adecuado para todos los operadores. Si el comercio de futuros es algo para usted es algo que depende en gran medida de su perfil de riesgo, la experiencia que ha adquirido en el comercio de criptomonedas y el conocimiento que posee. Y, por supuesto, un factor de suerte se aplicará a su éxito con el comercio de futuros Binance.

Solana

Solana es una de las estrellas del mercado de criptodivisas que más rápido está subiendo. Desde principios de 2021, la altcoin ha aumentado casi un 3.000%. Mientras que SOL valía alrededor de 1,50 dólares el 1 de enero, ahora vale más de 40 dólares en el momento de escribir este artículo. Por qué ha subido Solana de forma tan espectacular?

El crecimiento de Solana se debe probablemente a la capacidad de la red para gestionar un gran número de transacciones por segundo.

Por ejemplo, Bitcoin (BTC) sólo puede manejar 7 transacciones por segundo (TPS) sin la ayuda de soluciones de capa 2, y Ethereum (ETH) sólo puede manejar de 15 a 18 TPS en este momento.

A medida que el mercado se expande, estas redes se congestionan cada vez más, lo que se traduce en mayores costes de transacción.

SOL es la criptomoneda de la cadena de bloques Solana. Se utiliza para los siguientes fines:

Huelga de Solana: Solana permite recompensas inflacionarias para los usuarios que hacen huelga en SOL a cambio del apoyo de la red. Solana es una red de consenso Proof-of-Stake delegada. En otras palabras, los titulares de SOL pueden delegar una parte de sus activos SOL a un validador, que se encarga de procesar las transacciones y hacer funcionar la red.

Tasas de transacción: La criptomoneda SOL puede utilizarse para realizar contratos inteligentes y transacciones.

Gobernanza: El token SOL se utilizará para votar propuestas específicas dentro de la comunidad y organización de Solana.

El número total de SOL distribuidos supera ya los 16.500.000 SOL (3,35%). En este momento, la cantidad total es de 488.634.933 SOL, de los cuales 11.365.067 SOL se han quemado (quemado) de la cantidad máxima inicial de 500.000.000 SOL.

De hecho, SOL tiene una política monetaria deflacionaria en la que la cantidad de SOL se reduce (se quema) para hacer más atractiva la huelga a largo plazo. La escasez se agrava con el tiempo.

¿Por qué debería invertir en Solana?

Solana ya ha formado asociaciones tecnológicas innovadoras con FTX, Arweave, Pocket Network, Fortmatic, dFuse, LoanSnap, Akash, Chainlink, Hummingbot y Civic, entre otros. Estas colaboraciones tecnológicas reforzarán el efecto de red de Solona.

Multicoin Capital, Foundation Capital, Distributed Global, CMCC, Blocktower Capital, NGC Capital y Rockaway Ventures son algunas de las principales empresas de capital riesgo que han invertido en Solana (SOL).

Si quieres utilizar activamente la red para desarrollar aplicaciones descentralizadas basadas en Solana, necesitarás tener SOL. Si quieres ganar SOL gratis e invertir en el futuro de Solana, puedes apostar SOL. Para ello, sin embargo, tendrá que invertir dinero en SOL primero.

Invierta sólo con capital riesgo en SOL que pueda permitirse perder. Es un proyecto nuevo y seguramente puede fracasar. Comience siempre con una buena comprensión de la propuesta de valor de Bitcoin antes de invertir en otros proyectos.

EOS

EOS ha aparecido mucho en las noticias últimamente, ya que a menudo se le compara con el conocido Ethereum. Aunque una comparación puede no ser la mejor palabra a utilizar. EOS ya se considera el nuevo Ethereum. Pero, ¿por qué es así y quién está detrás de esta iniciativa?

La escalabilidad es un término que se utiliza con frecuencia en el mundo de las criptomonedas. Bitcoin y Ethereum son, con diferencia, las monedas más populares, lo que crea complicaciones. Las transacciones son cada vez más difíciles de completar debido al gran número de usuarios. Ethereum sigue siendo más rápido que Bitcoin, pero sigue siendo muy lento. Esto es especialmente cierto si se tiene en cuenta que Visa, por ejemplo, puede procesar miles de transacciones por segundo.

EOS se basa actualmente en la red de Ethereum, pero pretende crear la suya propia. Con algunos cambios, la escalabilidad de esta moneda debería mejorar. La usabilidad es una palabra clave en EOS. Mientras que Ethereum requiere lecciones para aprender el lenguaje de programación, esta criptomoneda no.

Dan Larimer

Dan Larimer es el gran nombre del proyecto, y ha desarrollado varias tecnologías a lo largo de los años.

Dan es el creador de los conocidos proyectos Bitshares y Steem. En su momento, Bitshares fue un intercambio revolucionario. Aparte del hecho de que este intercambio estaba descentralizado, había algo más. Dan fue pionero en la escalabilidad horizontal, que permitía realizar millones de transacciones por segundo. Esto es precisamente lo que necesitaba EOS, entre otras cosas, para derrotar a su archienemigo Ethereum. Más tarde, Bithares se disolvió y Dan se dedicó a una nueva empresa.

También fue el cerebro de Steem. Steem fue revolucionario porque introdujo una plataforma de medios sociales basada en la cadena de bloques.

Además, la comunidad de Steem podía ganar dinero en forma de Steem Dollars. Con ello redujo los costes de transacción. Al fin y al cabo, los usuarios pueden interactuar entre sí de forma gratuita. Abandonó Steem para concentrarse en EOS.

Dan desea incorporar a esta criptomoneda los conocimientos adquiridos en estos proyectos. Esta moneda debería facilitar a los usuarios la creación de aplicaciones descentralizadas en la red de EOS. Al aumentar la escalabilidad, no se requieren otras medidas, como las llamadas hard forks de Bitcoin. Al utilizar esta red, tampoco es necesario pagar tasas de transacción.

Debe ser una red para todos, sin necesidad de tener conocimientos técnicos. Además de la escalabilidad y la eliminación de los costes de transacción, Dan quiere adoptar otra tecnología. La prueba de participación delegada (DPOS), que él mismo introdujo.

Con este sistema, se designa a determinadas personas por votación. Cuantos más tokens EOS posea alguien, más poder de voto tendrá. Las personas designadas pueden tomar decisiones sobre la red. Si una persona hace un trabajo incorrecto, puede ser expulsada de su puesto.

Todo depende de si este proyecto va a tener éxito si va a subir significativamente. El fundador Dan es uno de los líderes de este proyecto y tenemos que tomarle la palabra. Además, es importante que no se demore demasiado.

EOS debe ser el primero con una red fiable y rápida, mejor que la red de Ethereum.

TRON

TRON lleva activo desde el 2017-08-28. En este tiempo relativamente corto, ya se ha producido una enorme cantidad de avances. El precio está determinado por la oferta y la demanda. Sin embargo, hay una oferta máxima disponible.

Para esta moneda es y actualmente sólo hay una oferta en circulación de 71.660.220.128. Si miramos el mercado total de criptodivisas, se encuentra en el puesto 23 del mercado total. El máximo histórico está en 0,23 dólares, desde este gran hito, ha caído un 49,42%.

Tron es la criptomoneda diseñada para avanzar en la industria del entretenimiento, los juegos y los medios de comunicación. Fue fundada por Justin Sun en el año 2017 y es muy adecuada para:

- Mayor facilidad para vender contenidos que aún están en desarrollo

- Tecnología peer to peer

- Reducción de las comisiones a los intermediarios

- Creación de aplicaciones descentralizadas

- Almacenamiento de datos

- Utilizarlo como medio de pago de servicios de entretenimiento

Así pues, Tron es una cadena de bloques que utiliza tres capas diferentes. Estas capas son la de **almacenamiento**, la **del núcleo** y la de **la aplicación**. Tron utiliza el protocolo protobuf de Google que le permite trabajar indirectamente con diferentes lenguajes de programación. El equipo de Tron está formado por consultores, inversores y desarrolladores experimentados. El objetivo de Tron es que todo tipo de servicios utilicen Tron para que todo el mundo pueda comprarlo porque todos lo tienen.

La expectativa de TRX en el corto plazo es muy difícil de predecir. Se puede concluir que el precio de esta moneda está ligado a las noticias y a los acontecimientos. Cuántas veces ha sucedido que Elon Musk publicó un Tweet y todo el mercado de criptodivisas mostró un movimiento.

Se trata de un desarrollo realmente imprevisible. pero ciertamente hay un gran potencial para la aplicación práctica de esta criptomoneda, y para asegurarse de que se invierte en el momento adecuado, es conveniente estar atento a las noticias que rodean a las criptomonedas.

El hecho de que las grandes empresas se interesen por la aplicación de las criptomonedas en sus éxitos comerciales suele ser un buen indicio de una subida de valor.

Cadena de eslabones

Chainlink (LINK) como empresa tiene el objetivo principal de ayudar a las empresas a aplicar blockchain correctamente. Eso puede sonar muy general, pero tienen una solución específica para esto. Chainlink construye oráculos que permiten cargar información y datos en blockchains y contratos inteligentes. Por ejemplo, puede vincular una transmisión de datos en directo del tiempo en los Países Bajos con otros datos a través de una blockchain. Todavía no han llegado tan lejos, los oráculos son ahora utilizados principalmente por empresas que ofrecen servicios financieros descentralizados.

En concreto, Chainlink es una empresa que se manifiesta como un proveedor de soluciones totales en el ámbito de la Implementación de blockchain en grandes empresas o procesadores de datos. En la actualidad, se recurre cada vez más a ellos para aplicaciones DeFi, por lo que el potencial de la empresa parece enorme.

El token asociado está destinado a recompensar a los usuarios que mantienen los nodos en funcionamiento y alimentan la red. Hay rumores de que Chainlink está desarrollando un método para producir estas monedas. Esto significa que usted bloquea sus monedas y gana intereses por ellas durante un periodo de tiempo determinado.

El oráculo de Chainlink garantiza que los datos procedentes de diversas fuentes (otros blockchains, sistemas de back-end, sistemas de pago, datos de mercado, etc.) se procesen de forma que puedan utilizarse en un blockchain independiente.

Chainlink es una plataforma centrada en los contratos inteligentes. Se trata de contratos basados en blockchain que se programan y se concluyen. Esto ocurre frecuentemente entre dos partes, donde el contrato inteligente examina los datos y las condiciones a las que ambas partes están obligadas.

Si ambas partes han cumplido con sus obligaciones contractuales, el contrato inteligente aprobará y ejecutará automáticamente el contrato. Si el contrato no se aprueba, se devolverá el dinero de todos.

La aparición y utilidad de este contrato inteligente es lo que hace que Chainlink sea tan intrigante.

La ejecución de un contrato inteligente es, por supuesto, muy interesante, sobre todo porque estos se programan automáticamente en la blockchain basándose en reglas que se añaden digitalmente al contrato inteligente. Como todo es transparente en este caso, no se necesita la confianza de la otra parte. Como resultado, la confianza está programada en la blockchain.

Sin embargo, este contrato inteligente tiene inconvenientes, ya que con frecuencia requiere datos, que deben ser recuperados de empresas o a través de bases de datos. Y antes de que un contrato inteligente de este tipo pueda aprobar "acuerdos y condiciones", los datos deben estar presentes.

Aquí es precisamente donde Chainlink aspira a ser la solución. Chainlink ha desarrollado recientemente un Oracle que permite a las empresas e instituciones conectarse al Oracle de Chainlink mediante una CLAVE API, lo que permite recuperar los datos.

Anteriormente, la recuperación de este tipo de datos sólo era posible si la organización de la que procedían tomaba medidas.

Como resultado, el blockchain nunca estuvo verdaderamente descentralizado. Como resultado de la conexión entre el Chainlink Oracle descentralizado y la contraparte, cada contrato inteligente puede ser controlado sin la participación de un tercero.

Obviamente, el equipo de marketing no pasó mucho tiempo agonizando sobre el nombre de la ficha, pero resultó ser un nombre pegadizo, digamos.

Al mismo tiempo, LINK no requiere de marketing para ganar atención. Un rendimiento del 730% en los tres primeros trimestres de 2019 llamó mucho la atención en la industria de las criptomonedas.

Cuando tienes tanto éxito como LINK, el mundo habla de ti, independientemente del tiempo y el esfuerzo que dediques a la comercialización de tu propia criptomoneda.

Chainlink es el clásico ejemplo de una ICO que resultó increíblemente bien. Tanto para la empresa Chainlink como para el token LINK y, por supuesto, para todos los inversores que pusieron juntos los millones iniciales sobre la mesa. Si hubieras participado por 100 euros en 2017? Pues hoy habrías agarrado apenas 3700 dólares en eso. No está mal, ¿verdad? El precio de las acciones de Chainlink pasó de 0,09 céntimos a más de 5 dólares.

Y aunque los resultados del pasado no son garantía para el futuro, el potencial de Chainlink (y con él también de LINK) es ilimitado. A medida que más y más empresas invierten en blockchain y buscan soluciones para integrar sus conjuntos de datos con los de otras empresas, la solución de oráculo de Chainlink demostrará ser increíblemente inventiva.

Y a medida que la tecnología de Chainlink se hace más popular, se necesitan más operadores de nodo. Cuantos más operadores de nodos se necesiten, más se les pagará en conjunto. Y cuanto más se les pague en conjunto, más demanda habrá de LINK.

Conclusión:

A estas alturas ya deberías tener una buena idea de cómo realizar tu propia evaluación de riesgos a la hora de invertir en criptodivisas. Y, antes de empezar, asegúrate de tener un plan, de investigar y de estar ansioso por conocer el valor de la moneda en la que deseas invertir.

Una de las reglas más importantes de la inversión es informarse sobre el bombo y platillo antes de empezar. En lugar de pagar por el beneficio de otro con el próximo esquema de pump and dump, asegúrese de que su inversión está calculada.

Y, si quiere obtener grandes beneficios con el day trading, ganando dinero real con los esquemas de pump and dump mencionados anteriormente, asegúrese de obtener una fuente de información fiable. Hay numerosos grupos de inversión gratuitos y de pago que pueden proporcionarle conocimientos sólidos sobre monedas con un alto potencial de negociación a corto plazo.

Si te gusta el sonido de un enfoque de alto riesgo y alta recompensa para las criptodivisas, el comercio de futuros de Binance podría ser una opción.

Díganos qué le parece el libro y, si le ha resultado útil, déjenos una reseña para que otros puedan beneficiarse también.

Gracias por leer nuestro libro, y buena suerte con sus futuras inversiones.

Nuestros libros

Consulte nuestro otro libro para saber más sobre las NFT, la negociación y la venta de NFT, cómo obtener beneficios y los consejos y estrategias esenciales para iniciarse a prueba de fallos en el universo de las NFT.

Únase al exclusivo Círculo Editorial de Stellar Moon!

Obtendrá acceso instantáneo a la lista de correo con actualizaciones de nuestros expertos cada semana.

Inscríbase hoy aquí:

https://campsite.bio/stellarmoonpublishing

www.ingramcontent.com/pod-product-compliance
Lightning Source LLC
Chambersburg PA
CBHW070912160726
48004CB00003B/1337